AF224571

SECONDE NOTICE

SUR

ES PROVINCES ILLYRIENNES.

CONTINUATION DE L'ANALYSE

DU MANUSCRIT 11600 DE LA BIBLIOTHÈQUE ROYALE;

par

M. le chevalier Marchal,

Membre de l'Académie royale de Belgique.

(Lue à la séance de la Classe des Lettres de l'Académie, le 5 novembre 1851.)

SECONDE NOTICE

SUR LES PROVINCES ILLYRIENNES. CONTINUATION DE L'ANALYSE DU MANUSCRIT 11600 DE LA BIBLIOTHÈQUE ROYALE.

Par une notice du 4 décembre 1848, j'ai rendu compte à l'Académie d'un épisode peu connu du règne de Napoléon, concernant le gouvernement général des provinces illyriennes. Comme on m'a fait l'observation qu'elle n'était pas assez développée, je vais donner de nouveaux détails, qui offriront quelque intérêt en Belgique, parce que plusieurs Belges, anciens sujets autrichiens, devenus français, y furent envoyés pour exercer des fonctions publiques, ce qui inspira de la confiance et de la sympathie, dans une contrée que l'empereur d'Autriche avait dû céder par la paix de Vienne, le 14 octobre 1809; c'était un nouveau morcellement de ses États héréditaires. D'ailleurs, il y avait eu, sous les règnes de Marie-Thérèse et de Joseph II, des relations commerciales entre le port d'Ostende et les ports de Trieste et de Fiume; des colonies luxembourgeoises avaient été envoyées dans la Croatie civile et au Bannat. Je rappellerai aussi, à cette occasion, qu'en 1857, j'ai lu à l'Académie une notice pour expliquer le mythe des Argonautes. C'étaient des marchands qui traversaient l'Illyrie depuis l'Adriatique jusqu'à l'Ister (le Danube). Je continue maintenant l'analyse d'un manuscrit que j'ai rédigé et dont j'ai offert personnellement une copie, le 15 mai 1815, au général Bertrand, ancien gouverneur général d'Illyrie.

J'ai expliqué, dans ma précédente notice, que ce gouvernement général fut créé le 16 octobre 1809, par un décret de l'empereur Napoléon, daté de Schönbrunn, deux jours après la signature de la paix de Vienne avec l'empereur d'Autriche; que ce gouvernement général fut réuni à l'Empire français comme les autres gouvernements généraux des départements d'au delà des Alpes, de la Toscane, de Rome, de la Hollande et des villes hanséatiques. Cette réunion avait été faite, quoique le territoire du royaume d'Italie séparât l'Illyrie du territoire de l'Empire, séparation que l'on pouvait comparer à celle de l'île de Corse. J'ai dit aussi que l'Illyrie fut divisée en sept départements, qui eurent le nom de provinces, dont six furent de véritables départements français, régis par les lois de l'Empire; que la septième, qui est la Croatie militaire et qu'il ne faut pas confondre avec la province de la Croatie civile, conserva son ancienne organisation autrichienne ou, pour mieux dire, hongroise, parce que c'était un campement permanent, un cordon militaire, établi en 1687, contre les Turcs. Elle fournissait à l'empereur Napoléon un effectif, toujours au complet, de 21,400 hommes, dont il pouvait disposer partout où il le voulait, outre l'armée sédentaire du cordon frontière de la Turquie.

Je n'ai pas clairement expliqué, dans ma notice du 4 décembre 1848, que l'Illyrie, dont la population s'élevait à 1,700,000 habitants, sur un territoire ayant la configuration oblongue d'un poisson, dont la tête est supposée toucher au Salzbourg et à la Bavière, et la queue, à l'Albanie turque, sur une ligne de 300 lieues, était une agglomération du morcellement de deux territoires, provenant de la république de Venise et de la maison d'Autriche.

Le 20 novembre 1809 commença l'évacuation de Vienne et des provinces qui avaient été conquises par les armées françaises et qui étaient restituées à l'empereur d'Autriche par la paix de Vienne du 14 octobre précédent, comme je viens de le dire. Alors restèrent sous la domination de l'empereur Napoléon les provinces illyriennes, savoir : la partie occidentale du duché de Carinthie, tout le duché de Carniole, les deux Croaties civile et militaire, à la rive droite de la Save; toute l'Istrie ex-autrichienne et Montefalcone, avec Trieste et le comté de Gorice, toute la Dalmatie avec les bouches du Cattaro et la république de Raguse, supprimée en 1808.

Par un décret impérial du 25 décembre 1809, le maréchal Marmont, duc de Raguse, fut le premier des quatre gouverneurs généraux qui se succédèrent; c'était au nom de l'Empereur qu'il promulguait ses arrêtés, qui avaient force de loi, comme s'ils eussent été des décrets impériaux.

Il avait sous ses ordres un intendant général des finances et du trésor; ce fut le comte Dauchy, conseiller d'État. Il avait exercé les mêmes fonctions dans le gouvernement d'au delà des Alpes. Il centralisait toutes les affaires, y compris celles de l'intérieur et des cultes, qui y furent ajoutées. Il en rendait compte aux divers ministres, soumettant au gouverneur général toutes les affaires qui pouvaient être résolues, sans attendre les ordres ministériels. Cet intermédiaire était nécessaire à cause des retards qui seraient résultés par l'éloignement, car il y a 600 lieues de Raguse à Paris.

Le baron Coffinhal fut commissaire général de justice, ayant avec le grand-juge, ministre de la justice, des relations analogues à celles de l'intendant général avec les autres ministres.

Il y eut un trésorier général qui centralisait les écritures des receveurs généraux, des payeurs et de leurs agents. Il était sous les ordres de l'intendant général, quoique rendant compte au ministre du trésor; car, depuis le 1er janvier 1810, le gouvernement général d'Illyrie était porté au budget de l'Empire.

A l'exception de l'intendant général et des trois autres fonctionnaires que je viens de désigner et qui avaient été envoyés par l'Empereur, le gouverneur avait le droit de nommer et aussi de révoquer tous les autres employés et fonctionnaires, même ceux qui avaient été nommés par des décrets impériaux. Le chef-lieu du gouvernement étant à Laybach, il y séjournait pendant l'été; il habitait, pendant l'hiver, la ville de Trieste.

Dans les contrées ex-vénitiennes, les effets du décret impérial du 16 octobre 1809, qui avait créé le gouvernement général des provinces illyriennes, n'en changèrent

que faiblement l'état politique, parce que, depuis l'année
1806 jusqu'à l'année 1809, l'Istrie et la Dalmatie, avec
Raguse et Cattaro, avaient été organisées d'après la législation du royaume d'Italie, peu différente de celle de l'Empire français : c'étaient deux préfectures. Il y avait une
cour d'appel à Zara. Napoléon y changeait seulement son
titre de roi d'Italie (*re d'Italia*), en celui d'empereur des
Français; l'esprit national y était d'ailleurs sans regret du
passé, parce que les anciens sujets du lion de S'-Marc ne
pouvaient s'occuper de politique. La seigneurie de Venise,
malgré son titre de République, était gouvernée despoti-
quement. L'inquisition d'État y était plus ombrageuse,
plus mystérieuse que l'inquisition religieuse d'Espagne. Il
n'était permis à personne de s'immiscer dans les affaires du
Gouvernement.

Mais l'esprit national de la population allemande et
hongroise n'était pas aussi indifférent, et cela se remar-
qua, surtout pendant la première année dont je vais expliquer les calamités, et qui était la période de transition du
gouvernement de la maison d'Autriche au gouvernement
français. Et nous aussi, aux anciens Pays-Bas autrichiens,
nous avions gardé, pendant plusieurs années, le regret de
nos anciens princes souverains de la maison d'Autriche.

Jamais il n'y eut aucun mouvement séditieux en Illyrie;
cependant le port de Trieste, principal artère du commerce maritime de tout l'empire d'Autriche, avait été tout
d'un coup rudement paralysé dans ses relations avec la
Grande-Bretagne et les États-Unis d'Amérique, par la mise
en vigueur des décrets impériaux concernant le blocus
continental et la prohibition des marchandises anglaises.
C'était pour isoler l'empire d'Autriche de toute communi-
cation avec le commerce britannique, que l'empereur
Napoléon avait exigé en entier toute la côte de la mer

Adriatique, en refoulant la domination autrichienne à environ 45 lieues de cette mer.

L'autre port de cet Empire, la ville de Fiume, s'était moins ressenti de la sévérité de ces mesures douanières, parce que son principal commerce consistait dans les exportations considérables des denrées céréales de la Hongrie et du Bannat vers l'Italie. Il restait au commerce de ces deux contrées ex-autrichiennes et hongroises et ex-vénitiennes, l'avantage d'un mouvement très-actif de cabotage avec l'Empire Ottoman et l'Italie. Ce commerce ne pouvait être que rarement entravé par les croisières anglaises en permanence dans l'Adriatique, parce que les marins illyriens, qui avaient autant d'habileté que de hardiesse, ainsi que les marins du Levant, savaient traverser les passes dangereuses entre les îles de ces parages, et braver l'inconstance de la mer Adriatique sur laquelle se succèdent à l'improviste les tempêtes, les vents contraires et les calmes.

Le 1er janvier 1810, le duc de Raguse fit cesser les contributions de guerre. L'empereur Napoléon, sur sa demande, fit retirer une partie considérable de l'armée d'Allemagne qui avait fait la campagne de 1809 et qui était une charge trop pénible pour le pays. Les premiers mois de cette année 1810 se passèrent péniblement dans toute la contrée que l'empereur d'Autriche venait de céder, parce qu'au lieu de laisser continuer dans son ensemble, la marche des anciennes administrations, en attendant qu'une nouvelle organisation, selon le système français, fût préparée pour être mise à exécution à une date fixée d'avance et avec ensemble, on substitua partiellement et sans mesures transitoires, diverses parties détachées de l'organisation française. Le reste des ressorts de l'ancienne administration autrichienne et hongroise se paralysa avant que la nou_ velle administration française fût en état de fonctionner. Il y eut bientôt, dans les finances, un déficit qui s'augmenta de mois en mois, d'autant plus que le numéraire était peu en circulation et qu'il y avait abondance d'un papier-monnaie, espèce d'assignats dits *Bancozettel*, dont le cours ne cessait de baisser. J'en parlerai davantage un peu plus loin.

Pour comble de désagrément, les employés régnicoles ne connaissaient point la législation française, qu'ils interprétaient souvent très-mal, et il y avait pénurie de bons employés nés français. Il y avait même, comme il arrive souvent dans les pays d'occupation militaire, beaucoup de gens tarés. J'expliquerai plus loin comment ceux-ci furent expulsés.

Ne devant présenter qu'un sommaire, je n'entrerai point dans les détails de la série des événements. J'en citerai quelques points culminants; en voici un qui est remarquable :

L'intendant général, comte Dauchy, avait laissé s'évader du port de Trieste un grand navire de commerce, commandé par un capitaine turc, pour le compte de quelques mahométans, ayant beaucoup d'influence à Constantinople. Ce capitaine avait enfreint les lois du blocus continental en communiquant avec la marine anglaise; il devait craindre l'emprisonnement et la confiscation. Le comte Dauchy le laissa s'échapper clandestinement; il avait agi avec prudence, parce que, si l'on pouvait alors molester les patrons grecs, dont les plaintes parvenaient, à cette époque, difficilement jusqu'à la Porte Ottomane, il n'en était pas de même envers les patrons turcs, nés mahométans. On devait redouter qu'il se fît en Turquie de promptes représailles au préjudice des patrons illyriens. Les réparations que l'ambassadeur de France à Constantinople aurait exigées, pouvaient jeter de la défaveur et de la méfiance sur le commerce avec le Levant; mais l'empereur Napoléon en fut mécontent. Il fit insérer, dans le *Moniteur,* une note contre le comte Dauchy et le fit rappeler en France.

Le baron de Belleville, successeur du comte Dauchy, arriva à Laybach au mois de juillet 1810. Comme il avait habité la ville de Gand et qu'il avait des alliances de famille en Flandre, il s'était souvenu que, pendant les premières années de réunion de la Belgique à la France, beaucoup d'aventuriers ou gens malfamés, étaient sortis de l'ancienne France, et avaient exploité nos provinces, ce qui avait jeté un grand discrédit sur le nom français. Leur épurement avait commencé tardivement. En conséquence, il proposa au gouverneur général un arrêté pour expulser d'Illyrie tous ces aventuriers; il fallut même en faire partir quelques-uns par la gendarmerie, parce qu'ils étaient récalcitrants. Dès lors, la qualité d'employé illyrien devint respectable, et je dois ajouter qu'en 1814, à Paris, pendant la restauration, et 1815, pendant les cent jours, c'était un titre de recommandation et de confiance. La plupart des Français-Illyriens furent avantageusement replacés.

L'opération la plus urgente était la formation des rôles de la contribution foncière et des autres impôts directs ; cependant il ne fut possible de les mettre en recouvrement qu'au 1er novembre 1810, parce que l'année financière de l'administration autrichienne et hongroise finissait au 31 octobre. Pour obvier à ce retard et se hâter de faire cesser le déficit, le duc de Raguse fit, pendant les mois de septembre et d'octobre, une tournée générale pour s'assurer par lui-même, des mesures qu'on devait prendre. Par un arrêté du 17 octobre, il ordonna un emprunt de 4,500,000 francs portant un intérêt annuel de 5 p. % et des époques d'amortissement. Il avait offert généreusement, pour garantie

d'une partie de l'emprunt, d'hypothéquer le million en im-
meubles de sa dotation que M. Faider, père d'un de nos
collègues à cette Académie, avait faite, comme je l'ai dit
dans ma notice du 4 décembre 1848.

Les principaux propriétaires furent taxés. Le commerce
de Trieste prêta 500,000 francs; celui de Fiume 200,000
francs. Ces deux sommes furent souscrites en quelques
heures, pendant le passage du duc de Raguse dans chacune
de ces deux places.

Le 16 novembre même année 1810, un autre arrêté dé-
monétisa les *Bancozettel* dont j'ai parlé ci-dessus. Leur
circulation et même leur possession furent prohibées à da-
ter du 1er décembre. Voici l'explication de cette mesure: Depuis l'année 1797, le Gouvernement autrichien, obéré par
la guerre contre les Français, avait créé un papier-monnaie
appelé *Bancozettel*, c'est-à-dire billets de banque. Lorsque,
le 9 mai 1809, les armées de l'empereur Napoléon entrè-
rent dans la ville de Vienne, et que l'empire d'Autriche
était dans la position la plus désastreuse, les *Bancozettel*
tombèrent à 75 centimes pour un florin d'Autriche (fr. 2
64 c^s). L'empereur Napoléon en releva le cours par un décret qui tarifait le florin *Bancozettel* à un franc en numéraire, pour le payement des redevances particulières et des
contributions ordinaires et de guerre, et pour les fourni-
tures militaires. Les variations de la bourse de Vienne,
pendant le séjour des Français, changèrent très-peu; mais,
après l'évacuation du territoire autrichien, le 20 novembre 1809, la baisse fit des progrès.

Il y avait également des *Bancozettel* en circulation en
Illyrie, comme dans les autres provinces autrichiennes; le
gouverneur général avait dû prendre, le 15 mars 1810,
un arrêté qui tarifa à 5 florins en *Bancozettel* (valeur pri-

mitive fr. 7 92 c^s) pour un franc en numéraire. La dépré-
ciation continuant d'être plus grande en Autriche, où les
finances se relevaient par la paix, qu'en Illyrie, où elles
s'abaissaient par le déficit, il fallut prendre l'arrêté de leur
démonétisation que je viens de citer et qui fut exécuté le
1er décembre. La situation financière de l'Illyrie était à
peu près celle de la France à la chute des assignats ; mais
les *Bancozettel* étant refoulés dans l'intérieur de l'empire
d'Autriche, elle ne fut pas aussi ruineuse pour les habitants qu'elle l'avait été en France.

Au commencement de l'année 1811, le duc de Raguse
fut appelé à Paris pour donner des renseignements sur le
projet de l'organisation définitive des provinces illyriennes,
qui fut décrétée le 15 avril de la même année. Par ce décret
impérial, les pouvoirs du gouverneur général furent res-
treints et mis au niveau de ceux des cinq autres gouverneurs généraux des nouveaux départements de l'Empire.
La conscription militaire fut établie ; la première levée en
1812, fut de 4,000 hommes pour les six provinces admi-
nistrées en départements français, indépendamment des
21,400 hommes fournis perpétuellement par la septième
province ou Croatie militaire. Cette première levée se fit
sans aucune difficulté, parce que le tirage au sort et toutes
les autres formalités prescrites par l'instruction générale
du Ministre de la guerre sur cette matière, se firent avec la
même impartialité que dans l'ancienne France. Jadis, dans
l'empire d'Autriche, les contingents étaient désignés aux
autorités locales, qui s'emparaient forcément des indivi-
dus qu'elles choisissaient ; mais, en 1812, ce n'était plus
le temps où, dans plusieurs localités, le paysan fuyait dans
les bois, où le noble était exempt et où le choix tombait
arbitrairement sur ceux que le chef de la localité désignait.

(15)

Par le décret organique du 15 avril 1811, les droits réunis ne furent pas établis; les droits sur les consommations, dont M. Faider était directeur, et les deux régies en monopole du sel et du tabac avaient suffi. Il y avait plusieurs salines en Istrie et en Dalmatie; il y avait aussi pour cette régie des importations de sel provenant de Zerbi en Barbarie. La culture du tabac était une branche de l'industrie illyrienne.

Le maréchal duc de Raguse ayant été nommé commandant en chef d'une armée en Portugal, fut remplacé, en sa qualité de gouverneur général des provinces illyriennes, par le général de division comte Bertrand, aide de camp de l'Empereur. Ce dernier arriva à Laybach le 29 juin 1811. Quelques semaines plus tard, le baron de Belleville, qui avait demandé plusieurs fois d'être remplacé, parce que ses infirmités s'étaient aggravées sous le climat de Laybach, nuisible à sa santé, eut pour successeur le comte Chabrol de Croussol, qui avait travaillé avec succès à l'organisation des départements de la Toscane. Je ferai observer qu'il fut ministre de la marine sous le règne de Charles X et qu'il se refusa de contre-signer les ordonnances de juillet 1830.

Si le général Bertrand s'est immortalisé par sa fidélité à Napoléon, il mérite aussi de grands éloges à cause de son administration en Illyrie. Cette belle période historique de sa biographie n'est pas connue. Travailleur judicieux, infatigable et consciencieux, il était accessible à tout le monde. Il expédiait les affaires, autant qu'il était possible, le jour même de leur réception, mais sans précipitation. Je dois ajouter que son écriture était aussi régulière et aussi ferme que celle d'un simple commis; souvent des lettres très-étendues étaient envoyées en minute, telles qu'il les avait écrites, ce qui prouve sa grande facilité de rédaction. J'ajouterai encore que, dans l'intérieur de sa maison, il était le modèle des chefs de famille.

Il fut parfaitement secondé, avec une franchise réciproque, par le comte Chabrol. J'ose attester, sans crainte d'être démenti, qu'ils n'ont jamais eu, ni l'un ni l'autre, aucun ennemi personnel, et s'ils eurent un défaut, qu'il me soit permis de le dire, ce fut de traiter si honorablement et avec tant de confiance tous les fonctionnaires et employés qui étaient sous leurs ordres, qu'il arriva plus d'une fois que ces mêmes employés et fonctionnaires, passant, hors de l'Illyrie, sous d'autres chefs, en ont ressenti la différence.

Je n'entrerai point dans de plus grands détails sur le gouvernement général d'Illyrie; je me bornerai à extraire de mon mémoire manuscrit le passage suivant :

« Ces provinces, que leur ancien souverain avait dû
» négliger depuis longtemps, à cause des guerres malheu-
» reuses qu'il avait soutenues contre les Français, et qui
» n'avait pu, par conséquent, continuer les améliorations
» commencées par Marie-Thérèse et Joseph II, s'améliorè-
» rent d'une manière sensible en 1812. Les divers faits
» que j'ai expliqués dans le courant de ce mémoire, le
» prouvent suffisamment. Les employés français envoyés
» en Illyrie pour exercer des fonctions civiles, judiciaires
» ou militaires avec les employés nés dans le pays, étaient
» généralement bien accueillis par les habitants et admis
» dans leur société intime. Le peuple eut bientôt la con-
» viction, surtout dans la contrée ex-vénitienne, que ce
» n'était pas, comme autrefois, des agents subalternes pro-
» consulaires qui étaient les complices de la fiscalité d'un
» provéditeur, mais qu'ils étaient envoyés par le chef du
» grand Empire pour faire exécuter les lois de l'État. Les

» maires des communes, nouvellement institués et choisis
» partout parmi les habitants notables, étaient entourés
» d'une considération dont on n'avait point d'exemple dans
» les anciennes administrations. La féodalité étant abolie
» quant aux personnes, par un des articles du décret impé-
» rial déjà cité du 15 avril 1811, s'éteignait graduellement
» quant aux redevances foncières, selon ce même décret,
» de manière qu'il n'y eut point, comme en 1789 en France,
» une scission entre les castes nobiliaires et plébéiennes.
» Le paysan était tout étonné d'être convoqué pour siéger
» dans un conseil municipal à côté de son seigneur, qui
» était souvent le maire de sa commune. Cette noblesse de
» la Croatie civile qui avait été vassale, avant le 16 octo-
» bre 1809, de la couronne de Hongrie, et qui avait été si
» fière jadis de ses prérogatives féodales, briguait, à la
» fin de 1812, d'être appelée aux fonctions publiques et
» s'empressait de donner tous les renseignements de loca-
» lité qu'elle aurait autrefois refusés à des fonctionnaires
» envoyés de Bude, de Presbourg ou de Vienne. »

Ce serait entrer dans des détails fastidieux que d'exposer
la série des opérations qui furent entreprises pour achever
l'organisation française. Je me bornerai à extraire un autre
passage de mon mémoire; on y verra que l'administration
publique, en ce qui concerne les projets d'amélioration
agricole, était à la hauteur de ce qui se fait actuellement
en Belgique.

J'exerçais les fonctions d'intendant de la Croatie civile,
(les Belges étaient alors Français), lorsque, le 15 août 1813,
la fête patronale de Napoléon étant solennellement célé-
brée à Carlstadt, chef-lieu de la province, je me rendis au
conseil municipal, qui était assemblé. Le maire, conformé-
ment à un décret impérial, fit le mariage d'une rosière

avec un jeune sous-officier, né à Carlstadt, et lui donna la dot de 600 francs, prescrite par ce décret. Il fit ensuite lecture d'une proposition rédigée par moi-même, qui fut mise en délibération et approuvée, à peu près, en ces termes :

« Comme le souverain est le bienfaiteur des peuples, on ne peut mieux célébrer l'anniversaire de sa fête patronale, qu'en procurant de nouveaux bienfaits à ses sujets;

» En conséquence, le conseil vote qu'une somme de 1,200 francs sera portée au budget de 1814, que l'on établit en ce moment, afin de distribuer, au 15 août 1814, des prix d'encouragement à des habitants de la commune, savoir :

» Un prix de 400 francs pour celui qui, en raison de sa fortune, y aura élevé le plus de bestiaux et en aura tiré le meilleur parti pour l'agriculture;

» Un accessit de 200 francs;

» Un prix de 200 francs à celui qui aura élevé le plus de vers à soie et en aura tiré le meilleur parti dans le commerce;

» Un prix de 200 francs à celui qui aura introduit les meilleures greffes aux arbres fruitiers et en aura exposé les fruits en vente sur le marché;

» Un prix de 200 francs à celui qui aura élevé le plus d'abeilles et en aura tiré le meilleur miel et la meilleure cire;

» Des commissaires, à nommer par le conseil, feront des rapports au 15 novembre, au 15 février, au 15 mai et au 15 août. Ces rapports seront publiés verbalement et affichés;

» Leurs Excellences l'intendant général, le gouverneur général et le Ministre de l'intérieur seront suppliés de prendre en considération, pour l'approbation de ces prix, que la partie rurale de la commune de Carlstadt a une

étendue de deux lieues, et qu'on peut l'assimiler à une co-
lonie pour l'amélioration de laquelle il faut des moyens
extraordinaires. »

J'ajouterai, ce qui n'est point dans la rédaction de cette
proposition, que la culture, dans cette contrée, n'était
guère plus avancée qu'au XVIIe siècle, ce pays ayant d'ailleurs été souvent ravagé par les Turcs. J'ajouterai aussi
qu'au printemps de l'année 1812, l'intendant de la Dalmatie avait demandé à l'intendant de la Croatie civile une
quantité de pommes de terre, pour les faire planter. L'agriculture de la Dalmatie, excepté sur quelques points du littoral, était encore plus arriérée que celle de la Croatie; les
forêts n'existaient plus; le paysan dalmate était réduit,
presque tous les ans, au printemps, à se nourrir d'her-
bages qu'il faisait cuire.

Depuis le mois de mars 1813, le général Bertrand était
parti d'Illyrie. Il avait été appelé auprès de la personne de
l'Empereur. Il succéda au général Duroc, en qualité de
grand-maréchal.

Son successeur aux provinces illyriennes fut Junot, duc
d'Abrantès, qui arriva au mois de mai, et qui fut trans-
porté, au mois de juin, dans son pays natal, parce que
d'anciennes et honorables blessures qu'il avait reçues à la
tête s'étaient rouvertes et le jetaient dans des paroxysmes
furieux d'aliénation mentale. Lorsqu'il redevenait calme,
il se désolait des violences qu'il avait faites. Un soir, il
avait mis le feu à son hôtel; comme on le surveillait, l'in-
cendie fut promptement éteint.

A la fin du mois de juin, pendant l'armistice conclu,
après les batailles de Lutzen et de Bautzen, avec les puissances alliées, l'Empereur ayant appelé à Dresde Fouché,
duc d'Otrante, qui avait cessé d'être ministre de la police

en 1808, lui confia une mission secrète pour le congrès de Prague et pour l'empereur d'Autriche à Vienne. Il le nomma gouverneur général d'Illyrie à Laybach. Fouché y arriva vers le 1er juillet. A la fin du mois d'août, les Autrichiens commencèrent la guerre et reprirent d'abord la Carinthie.

Le vice-roi d'Italie arriva en hâte avec quelques régiments du royaume d'Italie, par Gorice, il établit son quartier général à Laybach, tandis que le duc d'Otrante et tout le gouvernement se retirait à Trieste : le vice-roi n'avait pas une armée assez forte pour prendre l'offensive. Il se maintint à Laybach jusqu'au commencement d'octobre, couvrant ainsi la Carniole et l'Istrie. Alors il se retira sur l'Isonzo et de là sur l'Adige. Je vais ajouter d'autres détails très-peu connus.

Le général Jeannin, commandant en chef la Croatie militaire, voulait se maintenir à Carlstadt dans la Croatie civile, pour empêcher les Autrichiens de pénétrer dans ces deux provinces : il devait défendre la frontière hyraugraphique de la Save vers l'orient, tandis que le vice-roi la défendait à l'occident. Il faut observer que Laybach, Carlstadt et Trieste sont situés aux trois sommets d'un triangle à peu près équilatéral de 55 lieues de chaque côté. Si Laybach couvrait Trieste, Carlstadt couvrait la Croatie militaire et le port de Fiume. Jeannin avait proposé plusieurs fois au duc d'Otrante, avant la fin de l'armistice, de faire sortir de la Croatie militaire le reste des 21,400 hommes du contingent obligatoire, les deux régiments de hussards qu'on équipait et armait, et toute la population en état de porter les armes, parce que c'était un moyen d'empêcher qu'elle servît contre nous. En effet, la plupart des officiers étaient des Allemands ou des Hongrois que l'on avait conservés dans leurs emplois, parce que toutes les écritures étaient en langue allemande et que la théorie militaire continuait selon l'usage autrichien. Quelques officiers supérieurs seulement étaient français; l'intelligence passive des soldats croates, de la race slave, comme je l'ai dit à la première notice, était absolument semblable à celle des soldats russes. La majorité de leur population professe la religion grecque-schismatique. Le duc d'Otrante n'écouta point le général Jeannin. Il lui ordonna, au moment où les hostilités commencèrent, de se retirer vers le littoral avec quelques bataillons croates, de prendre le commandement de quelques troupes françaises, et de se rapprocher de Trieste. Il en résulta que les Autrichiens passèrent la Save et envahirent sans obstacle toute la route de 45 lieues, par Carlstadt jusqu'à Fiume, dans le même temps qu'une escadre anglaise entrait dans le port de Fiume : alors les Croates abandonnèrent les Français par la désertion. Le château de Trieste, mis dans un état formidable de défense, se rendit au mois d'octobre, après une honorable résistance. Tout le territoire acquis en 1809 par le traité de Vienne, fut repris par les Autrichiens : le duc d'Otrante fut envoyé à Rome et de là vers Joachim Murat, roi de Naples, qui se déclarait contre Napoléon.

Les places fortes du territoire ex-vénitien, de Dalmatie et de Raguse, étant hors de la ligne des opérations militaires des puissances alliées, se rendirent au mois d'avril 1814, sur un ordre du comte d'Artois, lieutenant général du royaume de France pour Louis XVIII.

—

— La prochaine réunion de la classe est fixée au lundi 1er décembre.

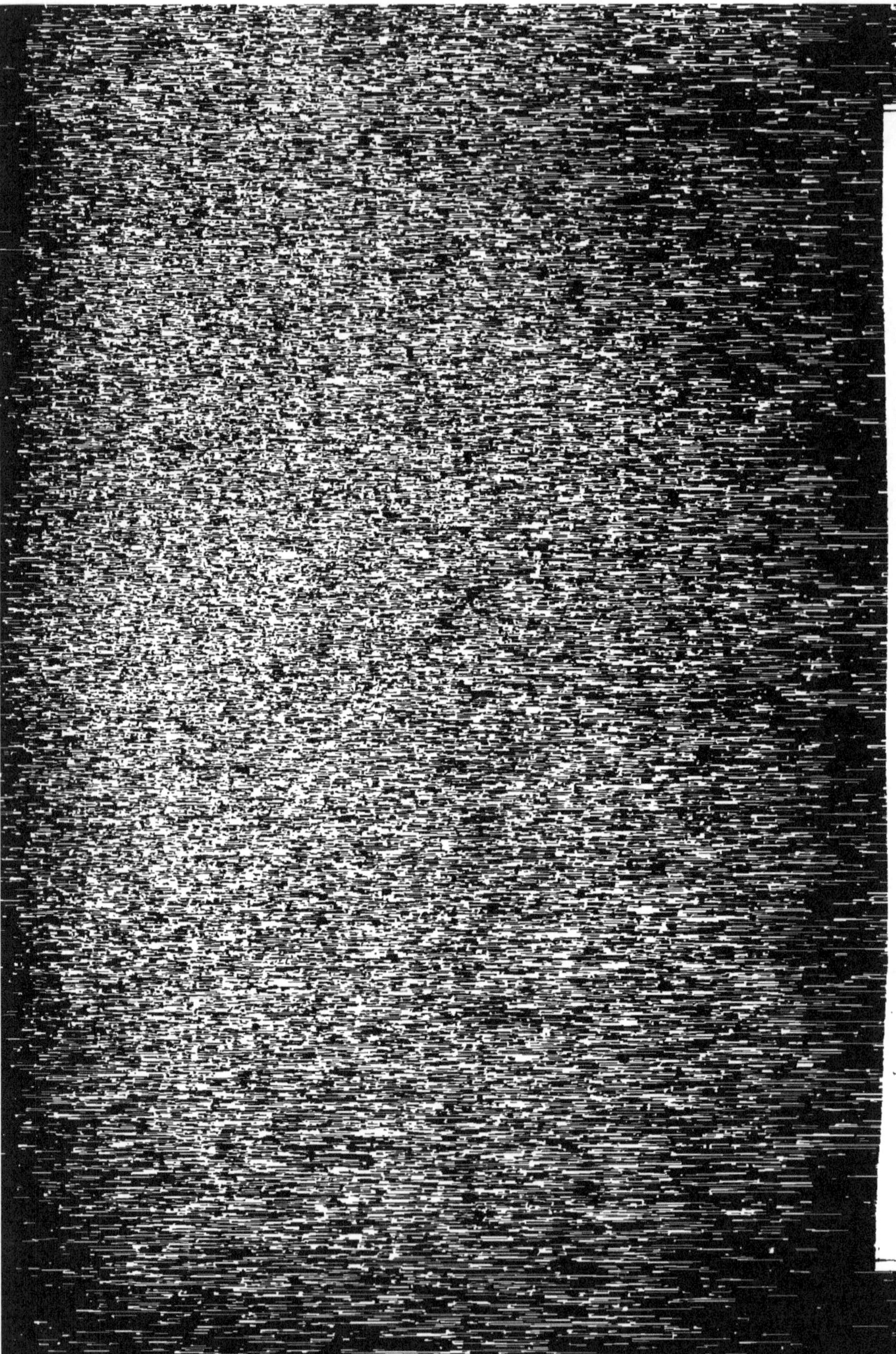